대화전문가 이정숙 선생님이 들려주는
똑소리 나는 말하기 학교

대화전문가 이정숙 선생님이 들려주는

똑소리 나는 말하기 학교

이정숙 지음 | 에듀팅 그림

머리말

이 책을 펼치면서 '말하기도 공부해야 하나?' 하고 고개를 갸우뚱거리는 친구들이 있을 겁니다. 그렇다면 잠깐 자신을 돌아보세요.

새로운 친구를 사귈 때, 부모님께 용돈을 올려달라고 할 때, 선생님의 질문에 대답할 때 어떻게 말해야 할지 몰라 곤란한 적은 없었나요? 생각은 그것이 아니었는데, 엉뚱한 말이 나와 어른들께 꾸중을 들은 일은 없나요? 공부는 잘하지만 친구들과 재미있게 말할 줄 몰라 고민한 적은 없나요?

그렇다면 지금부터 말하기를 공부해야 합니다.

여러분은 국어, 영어, 수학 등의 과목만 잘해서는 성공하기

힘든 세상에 살고 있습니다. 학교 성적도 중요하지만, 자기 생각을 제대로 전달하고 발표할 수 있는 사람이 인정을 받는 시대이기 때문이지요. 요즘 학교에서 말하기 교육을 하는 것도 그 때문이랍니다.

서양 사람들은 약 3천 년 전부터 체계적인 말하기 공부를 해왔습니다. 고대 그리스 시대 철학자 아리스토텔레스가 《레토릭Rhetoric》, 우리말로 하자면 '말하는 법'이라는 책을 썼는데, 그 책에 나오는 방법에 따라 말하기 교육을 했던 것이지요. 이것이 로마로 전해졌고, 로마에서 유럽으로, 유럽에서 미국과 일본으로, 그리고 우리나라로 흘러 왔답니다.

그렇다면 유럽 사람들이 일찍부터 말하기를 공부해 온 이유는 무엇일까요? 아는 것이 많아도 제대로 표현할 줄 모르면 모르는 것과 같다고 생각해서입니다. 옳은 말을 해도 상대방이 알아듣지 못하면 소용없다는 것을 알았기 때문입니다.

사회가 국제화 될수록 말하기는 더욱 중요해진답니다. 외교는 물론 자유무역협정(FTA) 같은 경제 협상도 말 한마디에 좌우되고 있습니다. 여러분이 어른이 되는 시대에는 국제화가 더욱 진전되어 말하기가 지금보다 더 중요해질 것이 틀림없습니다.

그러나 미리 걱정할 필요는 없습니다. 말하기가 중요하다는 것, 배워야 한다는 것을 어릴 때부터 깨닫고 조금씩 공부해 나가면 충분히 훌륭한 말하기를 해낼 수 있을 것입니다. 단, 매일 꾸준한 연습과 훈련이 꼭 필요합니다.

    그럼 선생님과 말하기 공부를 시작해 볼까요?

차례

머리말 **4**

1교시 분위기 파악을 한 후 말해요 **10**

2교시 신뢰를 얻은 후 목적을 말해요 **17**

3교시 정확한 근거를 가지고 말해요 **26**

4교시 억울해도 화내지 말고 말해요 **34**

5교시 또박또박 반듯하게 말해요 **42**

6교시 핵심을 살려 말해요 **51**

- 7교시 　되도록 짧은 문장으로 말해요 **59**

- 8교시 　기다리지 말고 먼저 말해요 **65**

- 9교시 　몸짓으로도 말해요 **72**

- 10교시 　잘못은 짧게, 칭찬은 길게 말해요 **81**

- 11교시 　결정된 일은 더 이상 말하지 않아요 **88**

- 12교시 　나와 다름을 인정해요 **94**

- 13교시 　질문을 두려워하지 말아요 **103**

이정숙 선생님이 들려주는
똑소리 나는 말하기 학교······ 1교시

분위기 파악을 한 후 말해요

똑소리나는말하기학교

분위기 파악을 못하는 사람은 당연히 곤란한 일이 많이 생깁니다. 주위 사람들과 원만한 관계를 유지하려면 눈치가 빠른 것이 좋아요. 그동안 주위 친구들로부터 눈치 없다는 말을 들어 본 적이 있다면 각별히 노력을 기울여야 합니다.

그렇다면 눈치는 어떻게 기를 수 있을까요?

말하기 전에 먼저 상대방의 표정과 몸짓을 관찰합니다. 지훈이도 말을 꺼내기 전에 엄마의 표정을 살폈다면 이런 실수는 하지 않았겠죠?

이 외에 학교에서 친구에게 부탁할 때, 부모님께 도움을 요청할 때, 짝사랑하는 이성 친구의 마음이 궁금할 때 눈치가 빠르다면 원하는 결과를 쉽게 얻을 수 있습니다.

눈치 있게 분위기 파악하는 방법 몇 가지를 소개해 볼게요.

첫째, 상대방의 눈을 살펴봅니다.

사람의 마음 상태는 왼쪽 눈에 나타난다고 해요. 그것은 오른쪽 뇌가 감성을 다스리기 때문입니다. 그러니 말하면서 왼쪽 눈의 움직임을 관찰하면 다른 사람의 마음을 눈치 챌 수 있답니다.

둘째, 상대방의 손 움직임을 관찰합니다.

사람들이 거짓말할 때는 대화 중에 얼굴을 자주 만진다고 해요. 불안

하면 콧속이나 두피의 핏줄이 팽창해서 코나 입, 머리가 간지러워지기 때문입니다. 또 거짓말하는 것을 불쾌해 하는 뇌가 '거짓말을 막아라'라는 메시지를 손으로 전달하기 때문에, 자기도 모르게 손으로 얼굴을 만져 거짓말하고 있다는 것을 알린다고 합니다.

셋째, 상대방의 팔 움직임을 살펴봅니다.

이야기 나눌 때 팔짱을 끼거나 탁자 위에 놓인 손을 마주 잡아 자기 몸을 방어하는 자세를 취하면, 겉으로는 친절하지만 속으로는 다른 생각을 하고 있을 확률이 높습니다.

넷째, 상대방의 다리와 엉덩이의 움직임을 봅니다.

말하면서 다리를 떨거나 엉덩이를 들썩이면서 앉은 자세를 여러 번 바꾸면 속마음과 반대로 말하고 있을 가능성이 높습니다. 또 다리를 자주 바꾸면 불편하다는 것을 의미하므로 더 이상 보채지 말고 눈치껏 자리를 비켜 주는 것이 좋지요.

무턱대고 자신의 이야기만 하기보다는 주위 상황과 사람들의 반응을 살피면서 자기 주장을 펴나가는 것이 훨씬 효과적임을 기억하세요.

선생님! 도와주세요

전 학교에서 발표를 거의 못해요. 평소에 친구들과 이야기하는 것은 괜찮은데 수업 시간에 아이들 앞에서 말하는 건 정말 힘듭니다. 머릿속이 하얘지면서 얼굴도 빨개지고 목소리도 이상해져요. 어떻게 하면 좋을까요?

발표를 할 때면 누구나 떨리고 긴장이 됩니다. 그러니 덜덜 군처럼 '나만 그럴 것이다'라고 생각해 걱정할 필요는 없습니다.

발표를 위해 몇 가지 알아야 할 사항을 이야기해 볼게요.

첫째, 준비가 부족하면 떨립니다. 준비가 부족하면 언제 막힐지 모른다는 걱정이 있기 때문에 더 떨리지요. 그러니 발표할 내용을 철저하게 준비하고 연습하세요.

둘째, 특별히 잘 보이려고 평소와 다른 옷을 입으면 옷차림이 신경 쓰여 더 떨립니다. '이 옷을 사람들이 어떻게 볼까?' 걱정되기도 하고요. 중요한 발표일수록 새 옷 대신에 평소 자주 입던 옷을 입는 게 좋습니다. 꼭 새 옷을 입어야 한다면 발표 전 며칠 동안 입고 다녀서 몸에 익숙해지도록 만드세요.

셋째, 말을 시작하기 전에 마음을 진정하는 시간을 갖습니다. 친구들 앞에 선 후 숨을 크게 들이쉬고 시작하면 훨씬 덜 떨립니다. 그리고 시작하기 전에 자기 자신에게 최면을 걸어 줍니다. '나는 잘할 수 있다'를 여러 번 되뇌어 마음을 진정하는 겁니다. 그리고 앞에 앉은 친구들을 둘러보며 마음

선생님! 도와주세요

　　의 여유를 가진 후 천천히 발표를 시작하면 크게 떨리지 않을 것입니다.

　　이 세 가지 중에서 가장 신경 써야 할 것은 내용 준비입니다. 내용을 준비할 때는 양이 넘치지 않도록 하고, 핵심을 잘 정리해 두는 것이 좋습니다. 말하는 사람은 모든 게 중요한 것 같지만, 그걸 다 말하려다 보면 말도 빨라지고 듣는 사람이 지루해지거든요.

　　듣는 사람들은 발표자가 떨고 있다는 사실을 알아차리기 어렵습니다. 그러니 미리부터 '내가 발표를 못하면 친구들이 얼마나 비웃을까?' 하고 염려할 필요가 없습니다.

　　최근에는 학교뿐 아니라 회사에서도 발표의 중요성이 더욱 강조되고 있습니다. 어릴 때부터 차근차근 발표 실력을 길러 나간다면, 분명 나중에는 더 많은 사람들 앞에서 자신 있게 발표를 할 수 있을 거예요. 그 때까지 덜덜 군도 연습하고 노력해요!

사람 사이의 신뢰는 굳은 믿음과 같습니다. 믿음이 있으면 서로에게 마음의 문을 열게 됩니다. 마음의 문이 열린 관계에서는 상대방이 실수를 하더라도 충분히 이해하고 받아들일 수 있습니다. 우화 〈양치기 소년〉을 보면 '늑대가 나타났다'고 소리쳐서 몇 번씩 마을 사람들을 골탕먹인 양치기 소년은 진짜로 늑대가 나타났을 때 마을 사람들이 믿지 않아 양 떼를 모두 잃고 말았습니다. 믿음을 잃어 버린 결과입니다.

그렇다면 어떻게 해야 신뢰를 쌓을 수 있을까요?

첫째, 사소한 약속이라도 반드시 지킵니다. 너무 당연하다고요? 하지만 이런 당연한 원칙을 못 지키는 사람들이 너무도 많습니다.

스위스 은행 이야기를 해볼게요. 스위스 은행은 전 세계적으로 고객에 대한 신뢰를 지키는 것으로 유명합니다. 유래를 거슬러 올라가면 프랑스 혁명 때에 이릅니다. 프랑스의 왕 루이 16세는 프랑스 군대가 더 이상 자신을 보호해 줄 수 없다고 판단하고 당시 용맹을 떨치던 스위스 용병들을 데려왔습니다. 그러나 대세가 완전히 기울어 더 이상 살아남을 수 없는 상황에 처하자 용병들에게 "너희들이라도 돌아가서 목숨을 지키라."고 말했지요. 그러나 용병들은 "우리는 루이 16세 일가를 지키기로 약속했

습니다. 죽더라도 끝까지 싸우겠습니다."라고 고집했고, 결국 루이 16세와 함께 목숨을 잃었습니다. 스위스 은행은 이런 스위스 사람들의 정신이 이어져 내려온 것이라고 합니다.

또 지리적인 위치를 보면 스위스는 국경을 접한 나라도 많고 유럽의 거의 중앙에 있습니다. 과거 유럽에서 나치들이 유대인을 학살했다는 건 잘 알고 있죠? 그들은 유대인을 학살한 것뿐 아니라 재산도 몰수했답니다. 나치는 각 나라 은행에 유대인이 소유하고 있는 계좌를 조회한 후 예금 잔액을 몰수하는 방법을 사용했는데, 스위스 은행만이 이에 응하지 않았습니다. 유대인 고객에 대한 정보도 알려주지 않았고, 재산 몰수에도 응하지 않았죠. 그래서 스위스 은행에 재산을 맡긴 유대인들은 재산을 지킬 수 있었답니다. 스위스 은행은 수세기 동안 고객의 비밀을 철저하게 지켰고, 지금은 세계 최고 부자들의 비자금과 노후 자금이 스위스 은행으로 몰려들게 만들었습니다.

신뢰를 쌓는 두 번째 방법은 눈가림하지 않고 진실을 보여 주는 것입니다. 사람은 마음속의 감정을 표정과 말투, 몸짓으로 드러냅니다. 따라서 잠깐의 난처한 상황을 피하기 위해 상대방을 속이면 언젠가는 거짓말이 들통나 곤란한 처지에 이를 수 있지요. 만약 세영이가 평소에 늘 이런 방법으로 선생님의 꾸중을 피해 왔다면, 선생님도 세영이의 말을 절대 믿지 않았을 거예요.

셋째, 내가 원하는 방식이 아니라 상대방이 원하는 방식으로 말해 보세요. 사람마다 얼굴 모습이 다르듯 살아가는 방법과 개성이 다릅니다. 그런데 내 방식을 상대방에게 강요하면 서로 마음의 문을 열기 어렵고 신뢰를 쌓기 힘들어집니다. 그러므로 일단은 상대방이 좋아하는 방식을 찾아 거기에 맞추어 말해야 호감을 얻을 수 있습니다.

    이 세 가지 방법만 실천해도 신뢰와 호감을 얻기에는 충분합니다. 신뢰를 얻고 나면 자신의 목적에 대한 이해를 얻기도 쉬워집니다.

선생님! 도와주세요

학교에서 친구들이 저를 '날으는 돼지'라고 놀려요. 제가 좀 뚱뚱하다고 말이에요. 친구들은 그렇게 부르면서 깔깔거리지만 저는 그 말이 너무 듣기 싫어요. 하지 말라고 해봤지만 들은 척도 안해요. 제가 화를 내면 오히려 농담인데 뭘 그러냐고 해요. 하지만 전 그 말을 듣고 나면 하루 종일 우울하답니다. 어떻게 해야 할까요?

통통 양의 기분을 충분히 이해할 것 같네요. 저도 첫아이를 낳고 나서는 '햄 소시지'로 불렸던 적이 있거든요. 갑자기 체중이 늘어 생긴 별명이지요.

통통 양의 경우 별명을 부르지 말라고 친구들에게 요구했지만 친구들이 고치지 않았잖아요? 그런 상황에서 투덜대며 화를 내면 친구들과의 관계만 나빠질 뿐 상황이 조금도 나아지지 않아요.

친구들이 별명을 부르지 못하게 하려면 통통 양의 태도를 바꿔야 합니다. 친한 친구 사이더라도 목소리를 낮추고 미소를 없앤 채 자신의 생각을 최대한 예의 있게 말하는 것이 좋아요. 예를 들면 "내 별명을 그렇게 부르면 나는 상처받아. 너희들은 농담일 테지만 듣는 사람은 그렇지 않아. 그러니까 별명을 부르지 말고 이름을 불러 줘."라고 정식으로 말하는 겁니다. 이 때 친구들에게 화를 낸다는 느낌이 들지 않도록 해야 합니다. 조금 가볍게 "별명이 재미있기는 하지만 나도 사람이기 때문에 어떤 때는 기분이 많이 상해."라고 말해도 됩니다.

그러다 보면 친구들은 '아, 통통 양이 정말 힘들구나. 더 이상 힘들게 하지 말아야겠다.'는 생각이 들지요.

　　핵심은, 감정부터 앞세워 화를 내지 말고 자신의 생각을 논리적으로 정확하게 설명해야 한다는 거예요. 아마 지금처럼 "그럼 넌 밥통이야!"라고 친구의 별명을 불러 복수한다거나, 얼굴이 붉으락푸르락 하면서 화를 내면 상황이 조금도 바뀌지 않고 속만 상하지요.

　　통통 양의 경우 마음을 가라앉히고 자신의 생각을 차분하게 전달해 보세요.

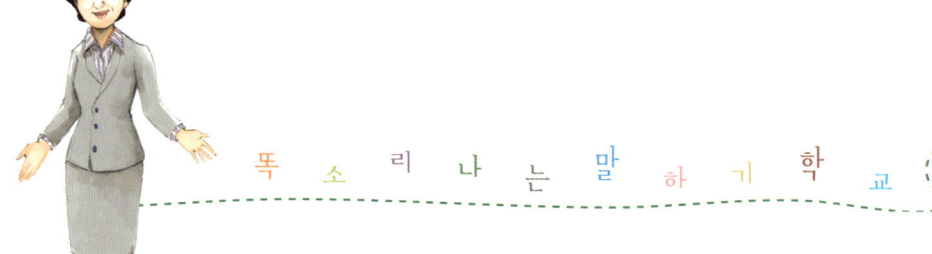

똑소리 나는 말하기 학교

사람들의 얼굴 모습이 각각 다르듯 생각도 모두 제각각입니다. 그것은 부모 자식, 형제 자매 간이라도 마찬가지입니다. 그래서 간혹 말 한 마디 때문에 오해가 생기고 다툴 수 있습니다. 아무리 친한 친구라고 해도 예외가 될 수는 없겠죠.

사람들은 살아온 환경이나 가치관에 따라 자기만의 기준을 가지고 있어요. 그런데 문제는 그 기준이 '세상을 재는 자'가 되어 버릴 때입니다.

부모님이 무조건 '학생은 공부만 열심히 하면 돼.'라고 말씀하시는 것이나, 여러분이 부모님의 경제 형편은 생각하지 않고 '친구들은 다 갖고 있다'며 비싼 물건을 사달라고 조르는 것도 다 잘못된 기준 때문이랍니다.

잘못된 고정관념이나 가치관은 오해를 불러오기 쉽습니다. 작은 일도 예민하게 받아들여 인간관계를 깨뜨리고 사람들에게 상처를 줍니다. 그러다 보니 사람들로부터 외면받을 수 있고, 이는 스트레스를 부릅니다. 스트레스는 마음을 조급하게 해서 잘 될 일도 꼬이게 만들고 말거든요. 한마디로 악순환입니다.

이러한 악순환을 막으려면 먼저, 어떤 일에도 성급하게 단정 짓지 말고 사실을 확인한 후 말하는 습관을 들여야 합니다. 그리고 상대방의 마음이나 상황을 확인한 후 행동해야 합니다.

"여기 좀 앉아도 될까?" "공부하는 게 어떠니?" 또는 "넌 좀 차가워 보여. 어떻게 하면 우리 친해질 수 있을까?" 하고 상대방의 마음과 생각을 물어서 행동하는 것이 좋습니다.

질문하기가 쑥스럽다고요? 절대 그렇게 생각할 필요가 없습니다. 오히려 여러분이 의견을 물어 주면 상대방은 고맙게 느낄 거예요. 자신이 존중받는 기분이 들 테니까요.

지훈이도 민우가 미국에서 왔다는 이유만으로, 또 말없이 앉아 있는 것을 잘난 척하는 것이라는 선입견을 가지고 괜히 싫어했던 거잖아요? 만약 민우와 먼저 대화를 나누었다면 어떤 친구인지 쉽게 알 수 있었을 겁니다.

그러므로 절대 질문을 두려워하지 마세요. 처음에는 어색해도 눈 한 번 질끈 감고 시도해 본다면 그다지 어렵지 않음을 알게 될 거예요.

비호감이었던 친구가 몇 번의 대화를 통해 호감으로 바뀐 경험을 한 적이 있을 겁니다. 호감으로 바뀌면 대화가 재미있어지고 서로를 더 쉽게 이해할 수 있습니다. 겉모습만으로 결코 알 수 없는 것들이지요.

선생님! 도와주세요

얼마 전에 친구들과 학교 놀이터에서 놀다가 한 친구가 발목을 다쳤어요. 제가 민 것도 아닌데 선생님이 너무 심하게 꾸짖어 눈물이 났습니다. 제 잘못이 아니라고 말씀드리고 싶었지만 눈물부터 나와 제대로 말도 못했어요. 저는 억울한 일이 생기면 눈물이 앞서 할 말을 제대로 못하고 말아요. 어떻게 하면 고칠 수 있을까요?

사람들은 대개 자신의 잘못은 작게 보고 타인의 잘못은 크게 봅니다. 그 때문에 여러분에게는 사소해 보이는 잘못도 상대방에게는 엄청나게 커 보일 수 있다는 점을 잊으면 안 됩니다.

그러니 소심 군이 잘못한 것보다 더 크게 혼이 나 억울하다는 생각은 갖지 마세요. 그런 생각 때문에 선생님의 꾸중이 억울하고 분하게 느껴지면서 눈물이 나고 제대로 설명할 기회도 놓치게 된답니다.

그리고 선생님이 화가 나 있을 때 변명을 늘어 놓는 것은 불난 데 휘발유를 끼얹는 것과 같습니다. 화는 잘못 건드리면 불길처럼 커지지요. 선생님 입장에서 학생이 다치는 사고는 작은 일이라도 매우 걱정스럽습니다. 그래서 더 크게 화를 내실 수 있어요.

따라서 선생님이 화를 내실 때는 그것이 누구의 잘못이든 일단 인정하고 무조건 "죄송합니다, 잘못했습니다."라고 말하는 것이 좋아요. 그리고 나서 선생님의 화가 가라앉은 후에 자신의 억울한 심정을 설명하는 겁니다. 이 때가 되면 소심 군도 마음이 가라앉아 차분하게 자신의 생각을 말할 수 있겠지요? 선생님 또한 사고가 난 상황을 정확하게 받아들일 수 있습니다.

상대방이 내 잘못에 비해 크게 화를 내는 것 같을 때는 어서 빨리 상대방의 화를 제압하고 내 이야기를 해야 한다는 부담을 느껴 말이 떨리고 눈물도 나는 것입니다. 그럴 때는 잠시 입을 다물고 고개를 숙이는 것이 좋습니다. 미안한 표정으로 바라만 보는 것도 좋고요. 상대방도 한껏 화를 내거나 야단을 치고 나면 판단력을 되찾는답니다. 그 때까지는 참는 게 좋아요. 그러고 난 다음에 자기 생각을 말해야지요.

　　그렇다고 해서 지나치게 비굴하게 사과하는 것은 좋지 않아요. 필요 이상으로 잘못했다는 말을 많이 하거나 불쌍하게 보이는 태도는 상대방에게 무시당하기 쉽습니다. 예의 있게 "죄송합니다. 잘못했습니다. 다음부터는 안 그러겠습니다."라고 하면 됩니다.

이정숙 선생님이 들려주는
똑소리 나는 말하기 학교······ **4교시**

억울해도 화내지 말고 말해요

오늘은 방과 후 동아리 활동이 있는 날입니다.

주영이와 민지는 학교 교지를 만드는 동아리에 가입했습니다.

출판부

여기 6학년 언니들 진짜 무섭다고 소문이 좍 퍼져 있어.

그래?

거기 조용히 해!

죄, 죄송합니다.

똑소리 나는 말하기 학교

인간관계 속에서는 힘을 가진 사람이 힘이 없는 사람에게 자신의 생각을 강요하는 경우를 자주 봅니다. 직장에서는 상사가 그렇고, 학교에서는 선생님이, 가정에서는 엄마나 아빠가 그렇게 행동하는 경우를 봅니다. 힘을 가진 사람들은 자신의 원칙대로 아랫사람이 따라와 주기를 바랍니다. 옳은 것은 아니지만 편하기 때문입니다. 또 그렇게 해야 조직의 질서와 체계가 잡힌다고 생각합니다. 학교에서는 선생님 말씀을, 집에서는 부모님 말씀을 잘 들으면 평안하고 조용하지요. 실제로 구성원들의 생각은 좀 다를지라도 말입니다.

그래서 가끔 억울할 때가 있습니다. 선생님의 생각이 옳지 않을 때도 있고, 부모님의 결정이 옳지 않을 때도 있으니까요. 그것을 알면서도 어른들의 생각을 받아들이려고 하면 속이 상합니다. 때론 억울함을 참지 못해 울음을 터뜨리는 친구들도 있습니다.

그렇다면 이럴 때 어떻게 해야 할까요?

무조건 참아서는 안 되지만 그렇다고 무턱대고 따지고 들어서도 안 됩니다. 우선 상대방의 화나 감정이 가라앉을 때까지 기다렸다가 상황을 있는 그대로 설명하면 됩니다.

상대방의 화가 가라앉을 때까지 기다려야 하는 이유는, 처음 화가 나기 시작할 때는 흥분해서 다른 사람의 말이 귀에 잘 들어오지 않기 때문입니다. 기분이 좋을 때도 자신을 비판하는 소리는 듣기 싫은 법인데 화가 났을 때는 오죽하겠어요.

그렇다면 민지와 주영이는 어떻게 해야 할까요?

선배 언니에게 차분히 말해야 합니다. 선배들도 같은 과정을 겪었으니 먼저 선배들이 왜 그렇게 배워 왔는지 이야기를 들어 봅니다. 그러고 나서 여러분의 의견을 이야기하고, 앞으로는 어떻게 하는 것이 좋은지 의견을 들어 보세요. 이 때는 비아냥거리거나 투덜거리는 느낌이 들지 않도록 최대한 정중하게 말해야 합니다. 선배 언니의 이야기를 존중해 가면서 자신의 생각을 밝히면 오히려 '오호, 저 후배는 남다른걸.' 하는 이미지를 심어 줄 수 있습니다.

선생님! 도와주세요

전 말이 많은 친구 때문에 너무 괴로워요. 그 친구는 전화를 하면 쉽게 끊지를 않고, 문자 메시지도 답장을 안 하면 화를 내요. 수업 시간에도 자꾸 말을 걸어서 선생님께 혼나기도 하고요. 게다가 대부분 했던 말을 또 하는 거라 듣기도 지겨워요. 말 많은 것만 빼면 정말 좋은 친구인데 어쩌면 좋죠?

얌전 양의 고민을 짐작할 만하네요. 친구의 말을 중간에 끊으면 삐칠 것이고, 그냥 두자니 한도 끝도 없을 것 같죠? 게다가 그 친구는 자신의 행동이 얼마나 피해를 주는지 잘 모르고 있어서 대놓고 "넌 너무 말이 많아."라고 말하면 큰 상처를 받을 수 있어요. 그러다 보면 두 사람 사이가 서먹해질 가능성이 높아요.

일단은 솔직하게 말해 보세요. "넌 정말 좋은 친구지만 네 전화가 너무 길어서 내가 좀 힘들어."라든가, "쉬는 시간에 이야기하는 게 더 좋겠다." 하고 말이에요. 친구니까 그냥 무조건 받아 주고 들어 주면서 스트레스를 받는 것보다 훨씬 좋은 방법이 될 것입니다.

또 이런 친구도 있어요. 학급회의 시간에 혼자만 말하려는 친구 말이에요. 역시 같은 말을 반복해서 듣는 사람도 짜증이 나지요. 이런 친구의 말을 기분 상하지 않게 중간에 끊는 방법이 있습니다. 그 친구가 말하는 중간에 친구가 말한 내용을 요약해 주고 확인시킨 후 끊으면 됩니다.

예를 들어 학급 회장을 뽑는 방법에 대한 회의를 하고 있을 때 한 친구가 같은 말을 되풀이하기만 합니다. 그럴 때 "그러니까 ○○님의 말은 이렇게 저렇게 해서 회장을 뽑자는 말이지요?"라고 요약하고 딱 자르는 것입니다. 그러면 그 친구는 회의에 참석한 사람들이 이미 자기 발언을 이해했다는 것을 알고 말을 멈추게 될 거예요.

　　물론 이런 역할은 되도록 의장이 하는 것이 좋습니다. 만약 의장이 못하면 누군가가 나서서 "의장님 발언권을 골고루 주십시오."라고 말해야 합니다. 의장을 통하지 않고 발언자에게 직접 말하면 혼란이 일어날 수 있으니까요.

　　회의에서 의장의 역할은 대단히 중요합니다. 너무 긴 발언은 잘라 주고, 의견이 없을 때는 발언을 이끌어내야 합니다. 그러나 의장이라고 해서 능숙하게 회의를 진행하는 것은 아닙니다. 의장이 좀 벅차할 때는 회의에 참석한 누군가가 기분 나쁘지 않게 의장에게 할 일을 알려 주어야 합니다. 좋은 회의 분위기란 모든 사람이 평등하고 진지하게 자기 의견을 내놓는 것을 말합니다.

이정숙 선생님이 들려주는
똑소리 나는 말하기 학교······ **5교시**

또박또박 반듯하게 말해요

명호는 키 크고 잘생긴 데다 공부면 공부, 운동이면 운동, 못하는 게 없는 인기 최고의 친구입니다.

꺄아~ 너무 멋져!

베컴 저리 가라야~

하지만 명호에게도 드러내고 싶지 않은 콤플렉스가 하나 있습니다.

바로 '읽기'입니다. 책만 읽었다 하면….

도…도대체 왜 이러거…를 시…키는 건지 알 수 어던 철수느 나무를…

와하하하~

그만 이런 꼴이 되어 버리고 맙니다.

아악~ 미치겠다.

똑소리 나는 말하기 학교

쌩얼, 동안, 얼짱, 몸짱 등 외모에 관련된 인터넷 용어가 넘쳐납니다. 외모를 중요하게 여기는 사회 분위기가 느껴집니다. 하지만 실제 호감과 비호감을 결정 짓는 것은 외모가 아닌 경우가 많습니다. 꼭 잘생긴 외모가 아니더라도 대화가 재미있고 마음이 통하면 그 사람에게 호감을 갖게 되잖아요.

목소리는 대화의 가장 중요한 요소 중 하나입니다. 외모가 그럴싸한 사람이 기어들어가는 작은 목소리나 갈라지는 목소리로 상스럽고 거칠게 말하면 실망감이 커 오히려 순식간에 비호감이 되어 버리지요. 반면에 외모는 뛰어나지 않지만 목소리가 반듯하면 더 큰 호감을 얻기도 합니다.

목소리는 그 자체만으로도 많은 의미를 나타냅니다. 말의 속도, 높낮이, 억양 등은 그 사람의 개성을 보여 줍니다. 흥분하면 말이 빨라지면서 목소리가 떨리고, 화가 나면 목소리 톤이 높아지면서 사람의 감정을 정직하게 실어 나르기도 합니다. 그래서 미국의 철학자 에릭 호퍼Eric Hoffer는 "사람은 거짓말을 할 때 가장 큰 소리를 내게 된다."라고 말하기도 했지요.

그러므로 가장 듣기 좋은 목소리는 말하는 사람의 감정이 적당히 담긴, 당당하고 품위 있는 목소리입니다. 듣는 사람이 편안하면서도, 말하는 사람의 뜻을 정확히 이해할 수 있는 목소리죠.

여러분은 자신의 목소리가 좋지 않다고 생각하나요? 하지만 너무 걱정할 필요 없습니다. 다행히 목소리는 우리 몸의 모든 신체들처럼 훈련을 통해 바꿀 수 있거든요.

그럼 목소리 훈련 방법을 몇 가지 소개할게요.

첫째, 매일 15분가량 소리 내어 글을 읽어 보세요.

소리 낼 때는 입을 크게 벌리고 배에 힘을 주세요. "저 뜰에 콩깍지 깐 콩깍지냐, 안 깐 콩깍지냐……" 등 친구들과 말장난하며 외우던 문장도 좋고, 신문 사설이나 평소 좋아하던 책도 괜찮습니다. 가장 중요한 것은 매일 시간을 정해 두고 소리 내어 읽는 것입니다.

둘째, 읽기 전에 문장 중간 중간 쉬는 표시를 해두면 보다 정확하게 읽을 수 있습니다.

쉬는 부분에서 충분히 숨을 들이쉬는 훈련을 해서 끊어 읽기를 분명히 하세요. 우리말은 어떻게 끊어 말하느냐에 따라 리듬이 크게 달라지거든요. 목소리의 리듬을 살리려면 구句와 구 혹은 절節과 절을 끊어 읽고, 주어를 강조하려면 주어 다음, 목적어를 강조하려면 목적어 다음에서 숨을 쉬고 끊어 읽는 훈련을 하는 것이 좋습니다. 라디오를 듣거나 TV방송을 볼 때 전문가들이 어디에서 끊어 말하는지를 관찰해 보면 쉽게 익숙해질 수 있습니다.

셋째, 각각의 단어를 하나 하나 떼어서 입을 크게 벌리고 분명히 발음

하며 읽으세요.

입을 크게 벌리고 받침까지 다 들리도록 소리 내는 훈련을 해야 발음이 좋아집니다.

지금까지 사람들 앞에서 책 읽는 것을 힘들어 했다면 이젠 걱정하지 마세요. 세상의 모든 일이 그렇듯 연습과 훈련을 통해 얼마든지 좋아질 수 있습니다.

선생님! 도와주세요

전 친구들이 안 좋은 소리를 하면 한마디도 대꾸하지 못해요. 친구뿐 아니라 나이 어린 동생에게도 마찬가지예요. 분을 삭이다가 혼자 방에서 펑펑 울어 버리죠. 어떻게 해야 상대방이 기분 나쁘지 않게 말할 수 있을까요?

말하는 자신보다 듣는 상대방을 먼저 생각하는 사람들은 하고 싶은 말이 있어도 이것 저것 신경 쓰느라 제대로 말을 못합니다. 자신감도 없고, 또 말하기 전부터 '저 친구가 내가 말한 내용을 오해하면 어쩌지? 그러면 사이가 어색해질 텐데……' 라는 생각을 먼저 하기 때문에 심한 말을 듣고도 대꾸를 못하는 것입니다.

그러나 소심 양, 화는 참으면 몸뿐만 아니라 정신 건강까지 해치게 돼요. 또 화는 참는다고 해서 없어지는 것이 아니라, 마음에 쌓여서 갈등의 덩어리가 되거든요.

그러므로 이 때는 친구 사이를 깨뜨리지 않고 대화할 수 있는 방법을 익혀야 합니다. 이럴 때 쓸 수 있는 화법이 있지요. '만약에'라는 방법입니다.

예컨대 선생님께서 다른 친구가 잘못 둔 물건을 보고 "왜 이것이 제자리에 있지 않나?"라고 말씀하시면서 여러분에게 화를 낸다면 주눅 들지 말고 이렇게 말하세요.

"만약 담당자가 보았다면 치웠을 텐데, 우선은 제가 정리하겠습니다."

이렇게 다른 사람이 치워야 하는 물건임을 은근히 밝힐 수 있습니다.

선생님! 도와주세요

그러면 당장 떨어질 선생님의 꾸중도 피할 수 있고, 잘못을 저지른 친구도 구할 수 있습니다.

이와는 반대로 재치 있게 자기 주장을 펼친 예도 있습니다. 조선 시대 이항복 선생 이야기입니다.

이항복 선생이 13살 때 자신의 집 뒤뜰에 있는 감나무에 감이 잘 익어서 하인에게 그것을 따오라고 시켰습니다. 그런데 하인은 감나무 가지가 옆집 권율 대감 댁으로 넘어가 있어서 그 감을 딸 수가 없다고 했습니다. 당시 정승이었던 권율 대감의 하인들이 무서웠기 때문이지요. 그 이야기를 듣고 이항복 선생은 곰곰이 생각하다가 권율 대감의 집으로 달려갔습니다. 그러고는 정승의 방 앞에서 자신의 주먹으로 장지문을 뚫은 다음 "대감, 이 주먹은 누구의 것입니까?"라고 물어 결국 그 감들을 따먹을 수 있었습니다.

이처럼, 말할 때 재치를 발휘할 수 있다면 더욱 좋겠지요? 하지만 이런 방법은 매우 뛰어난 기술이 필요해 혼자 터득하기는 어렵습니다. 여러분이 즐겨 보는 개그 프로그램 등을 잘 관찰하면 그런 재치를 찾아내 응용할 수 있을 거예요.

이정숙 선생님이 들려주는
똑소리 나는 말하기 학교······ 6교시

핵심을 살려 말해요

'1분 스피치'는 하루 2명씩 1분 동안, 반 친구들에게 자유롭게 이야기를 하는 시간입니다.

오늘은 자신의 차례인지라 수홍이는 교문을 들어설 때부터 마음이 무거웠습니다.

1분 동안 어떤 내용을 말하지?

1분은 너무 짧다고…

오늘은 수홍이 차례인가?

네에~

똑소리 나는 말하기 학교

여러 강의를 듣다 보면 정작 핵심은 없고 이런저런 우스갯소리만 나열해 실망하는 강의가 있습니다. 당시에는 왁자지껄 웃겨서 재미있게 듣지만, 끝나고 나면 '도대체 내가 뭘 들은 거지?' 라는 생각이 들지요. 강사도 분명 강의에서 전하려는 메시지가 있었겠지만, 말할 때 핵심을 전하지 못했기 때문에 듣는 사람들은 강의 내용을 이해하지도 못하고 나중에는 기억에 남지도 않는 것입니다.

아무리 재미있게 말을 잘하는 사람도 핵심이 없으면 사람들에게 깊은 인상을 줄 수 없습니다. 우선은 같이 웃고 떠들어도 나중에는 '도대체 저 사람이 뭐라고 한 거야?' 라는 허무함만 남게 됩니다. 그리고 그가 어떤 사람인지 잊게 됩니다.

그러므로 상대방이 알아듣기 쉽고 기억에 남게 말하려면 재미있게 말하는 것보다 핵심을 살려 말하는 것이 중요합니다. 핵심을 살리지 못하면 듣는 사람이 정확하게 알아듣지 못해 오해가 생기고 대화가 막힐 수 있습니다. 말을 오해하면 "내가 언제 그렇게 말했어?" "전에 그랬잖아?" 식의 갈등이 일어나기도 하고요.

말에 핵심이 없으면 말하는 자신마저 '도대체 내가 뭘 말하려고 한 거지?' 라는 생각이 듭니다. 수홍이처럼 친구들이 지루해 하는 모습을 보면 더욱 당황하여 할 말을 잊기도 합니다. 이처럼 자신조차 무슨 말을 하는지 모르는데 남이 제대로 알아들을 수 있겠어요?

그렇다면 어떻게 말해야 핵심을 살려 말할 수 있을까요?

첫째, 내가 전달하려는 내용의 핵심이 되는 단어를 찾습니다.

무엇을 이야기할지 정했다면, 그것을 전달할 수 있는 단어를 열거해 봅니다. 수홍이처럼 유럽 여행 중 느낀 '루브르 박물관에서 본 아름다움'을 말하고 싶다면 '루브르 박물관' '예술' '아름다움' 이라는 핵심 단어를 찾아야 합니다. 핵심 단어와는 상관없는 '한국 사람이 많았다' 거나 '아이스크림이 어땠다' 는 설명만 하다가는 정작 하고 싶은 말의 핵심을 놓치기 쉽거든요.

둘째, 핵심 단어를 중심으로 간결한 문장을 만들어 첫 문장으로 사용합니다. 수홍이의 경우는 '아버지와의 유럽 여행에서 많은 예술품을 볼 수 있었다.' 라고 시작하면 좋습니다.

셋째, 5W1H 형식에 맞춰 설명합니다.

루브르는 어디에 있고(Where), 언제 갔고(When), 누구(Who)랑 갔고, 왜(Why) 갔고, 거기서 무엇을(What) 하다가, 어떻게(How) 느꼈는지의 요건을 갖추어 말해야 합니다.

물론 이미 듣는 사람도 다 알고 있는 W(누가, 언제, 어디서 등)들은 생략해도 됩니다. 그러나 H(어떻게)는 절대 빠트리면 안 되지요. 선생님과 친구들이 알고 싶은 것은 바로, 수홍이가 유럽 여행을 통해 무엇을 느꼈는가 하

는 것이니까요.

   이렇게 말하려는 내용을 정리해 놓고 사전에 충분한 연습을 하면 친구들 앞에서 말하기가 더 이상 두렵지 않을 것입니다.

선생님! 도와주세요

제게는 6살 어린 동생이 있는데, 동생과 전 성격과 생각이 많이 달라 어릴 때부터 자주 으르렁거리곤 했어요. 제가 언니이기에 어린 동생과 티격태격하지 않으려고 조심하는 편이지만 쉽지가 않아요. 그러다 보니 동생에게 말할 때마다 화부터 냅니다. 마음은 안 그런데 말끝에 항상 날카로운 가시가 박혀 있지요. 동생과 저를 이어 주는 사랑스러운 대화법! 알려 주실 수 있나요?

어릴 때부터 동생과 티격태격했다면 자신의 생각과는 반대로 날카롭게 말하는 습관이 으르렁 양에게 배어 있을 거예요. 사람의 뇌는 반복적인 내용으로 하나의 사고 패턴을 만들지요. 그리고 웬만한 충격이 오기 전까지는 그 패턴을 바꾸지 않아요. 이런 뇌에 충격을 주는 가장 쉽고도 효과적인 방법은 자신에게 말을 걸어 설득하는 것입니다.

머리로는 자신의 행동이 잘못되었다고 생각하고 고치고 싶지만 뜻대로 안 돼 괴로운 것은, 자기 자신은 설득이 안 된다고 생각하기 때문이에요.

그렇다면 어떻게 자기 자신을 설득할 수 있을까요? 간단합니다. 다른 사람을 설득하듯 자신에게 말을 거는 거예요. 예를 들면 "나는 왜 동생에게 자꾸만 화를 낼까? 원래 하려던 말은 그것이 아니잖아?"라고 자신에게 질문을 던지고 스스로 답해 보는 거예요.

우리의 뇌는 질문을 던지면 답을 찾는 속성을 가졌기 때문에, 지금 선생님에게 하듯 스스로에게 질문을 던지면 으르렁 양의 뇌가 더 좋은 답을 찾

선생님! 도와주세요

을 수 있지요. 또 "동생에게 그런 식으로 화를 내는 것은 옳지 않아. 부드럽게 말해 봐."라고 소리 내어 반복적으로 말하면서 마음을 달래면 더욱 효과적입니다.

무엇보다 중요한 것은, 가족 간이라도 칭찬과 배려를 아끼지 말아야 한다는 점입니다. 좋은 점이 느껴지면 '내 동생 참 괜찮은걸.' 하고 속으로만 생각하지 말고 "너 정말 좋은 동생이야."라고 진심으로 말해 주세요.

하지만 대개 우리는 이와 반대로 행동해요. 지적할 일이 있으면 재빠르게 "너는 도대체 무슨 짓을 하는 거니?"라고 말하고, 잘하는 일을 보았을 때는 속으로만 흐뭇해 하지요. 그래서 동생은 '나를 싫어하나 봐.'라고 오해하고 더 심한 말을 하게 되는 것이랍니다.

으르렁 양도 칭찬할 일이 있으면 즉시 크게 말하고, 화낼 일이나 서운했던 일은 간단하게 목소리 낮춰서 말하는 습관을 들여 보세요. 동생과의 사이가 훨씬 좋아질 것입니다.

이정숙 선생님이 들려주는
똑소리 나는 말하기 학교······ **7교시**

되도록 짧은 문장으로 말해요

《해리 포터》 시리즈의 인기는 대단해서, 아이들 모두가 열혈 독자입니다.

《해리 포터》 마지막 시리즈 줄거리 아는 사람?

나, 나 알아!

해리가 볼드모트에게 이기겠지?

해리가 죽는다는 말도 있어.

헤헤. 어제 인터넷에서 자세한 줄거리를 보았지.

설마?

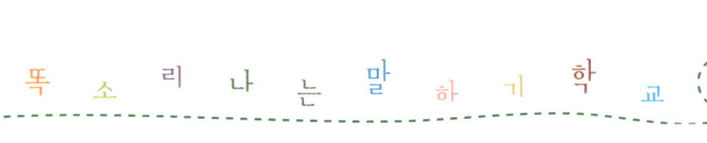
똑소리나는 말하기학교

요즘 우리는 디지털 시대라는 말을 참 많이 합니다. 디지털 시대는 매우 다양한 첨단기기들이 발전해서 짧고 간단한 메시지를 전달하는 데 아주 편리합니다.

가끔 어르신들을 뵈면 요즘 젊은 사람들은 진득하게 이야기를 듣지 못한다며 걱정하십니다. 물론 젊은이들의 급한 성품도 한 원인이지만, 그분들이 살았던 시대와 현대 사회의 변화 속도가 다르기 때문이기도 합니다.

이와 관련되지 않더라도 쓸데없이 길게 말하는 것은 듣는 사람에게 아무런 의미를 남기지 못합니다. 부모님께 야단맞을 때를 생각해 보세요. 부모님의 잔소리가 길어지면 반성하는 마음도 사라지잖아요. 차라리 한마디로 지적하는 것이 더 좋을 때도 있답니다. 길어지다 보면 본래의 주제에서 벗어나 엉뚱한 말로 이어지기도 하니까요.

그렇다면 어떻게 해야 간단하고 명쾌한 문장으로 말할 수 있을까요?

첫째, 되도록 끊어서 말하려고 노력합니다.

예를 들어 "오늘 내 생일인데, 우리 엄마가 생일 파티 하자고 했는데, 선물은 뭐, 엄마가 받지 말라고 하네. 주면 좋지만 없어도 그만이야. 근데 아직 몇 명이나 올지 모르겠네. 패밀리 레스토랑에서 할까 싶은데 올래?"라고 말하는 것보다는 "오늘 내 생일인데 올 수 있니?"라고 짧은 한 문장으로 말한 다음, "선물은 없어도 돼."라고 다른 문장으로 잘라서 말하는 것이지요.

둘째, 휴대전화 문자 메시지와 인터넷 채팅 등에 사용하는 문장의 길이를 적당하게 조절해 보세요.

무조건 줄이라는 것은 아니고, 한 문장에 내용을 다 담아 한눈에 들어오도록 훈련하는 것을 말합니다.

셋째, 결론을 먼저 말하고 설명은 나중에 합니다.

듣는 사람이 알고 싶은 것은 항상 결론입니다. 설명부터 장황하게 시작하면, 결론에 대한 흥미마저 사라지지요. 하지만 결론을 먼저 말하면 상대방이 이미 알고 있는 내용은 굳이 부연 설명하지 않아도 되기 때문에 시간을 절약할 수 있고, 상대방이 모르는 내용일 때는 궁금증을 불러일으켜 다음에 나오는 설명에 흥미를 갖게 합니다.

넷째, 지금 여러분이 사용하고 있는 문장이 너무 길거나 말이 자꾸 옆길로 새는 것 같다고 느낀다면 평소에 하는 말을 녹음해서 들어 보세요. 어디가 문제인지 알 수 있을 것입니다.

선생님! 도와주세요

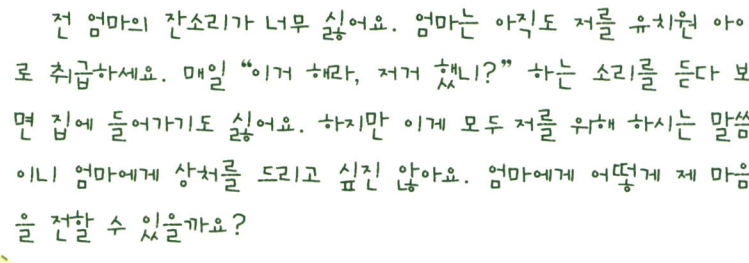

전 엄마의 잔소리가 너무 싫어요. 엄마는 아직도 저를 유치원 아이로 취급하세요. 매일 "이거 해라, 저거 했니?" 하는 소리를 듣다 보면 집에 들어가기도 싫어요. 하지만 이게 모두 저를 위해 하시는 말씀이니 엄마에게 상처를 드리고 싶진 않아요. 엄마에게 어떻게 제 마음을 전할 수 있을까요?

일단은 엄마에게 신뢰를 주는 것이 필요합니다. 엄마가 "숙제해라." 말씀하시기 전에 숙제하고 있는 모습을, "씻었니?" 하셨을 때 이미 씻은 모습을 보여 드린다면 머지않아 엄마의 잔소리는 크게 줄어들 거예요.

아니면 엄마가 말씀하시기 전에 미리 말씀드리는 것도 좋은 방법입니다. "엄마, 숙제 다 했으니까 텔레비전 볼게요." 하고 미리 말한다면 뾰족 군을 바라보는 엄마의 마음도 훨씬 편하겠지요.

무조건 엄마의 잔소리가 싫다고 피할 것이 아니라 원인이 뭘까 곰곰이 생각해 보세요. 그리고 엄마와 진지하게 대화해 보는 것도 한 방법입니다. 엄마에게 "제가 제때 해야 할 일을 하지 않아서 엄마의 걱정이 더 많은 것 같은데 앞으로는 잘할 테니까 너무 걱정 마세요." 하고요.

물론 이 약속은 꼭 지켜야겠죠? 그러다 보면 엄마도 뾰족 군을 닦달하기보다 좀 더 기다려 줄 수 있고, 잔소리도 많이 줄어들 거예요.

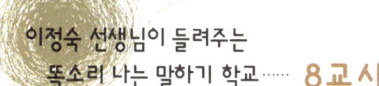

이정숙 선생님이 들려주는
똑소리 나는 말하기 학교······ 8교시

기다리지 말고
먼저 말해요

혁수는 오늘 새 영어 학원으로 첫 수업을 들으러 가는 길입니다.

새 학원에 등록해 놨다. 거기 아주 실력 있는 선생님이 계시다더라.

쳇, 지난번에 다닌 학원이 친구들도 많아서 좋았는데….

엄만 내 맘을 너무 몰라

정말 가기 싫다….

끼이익

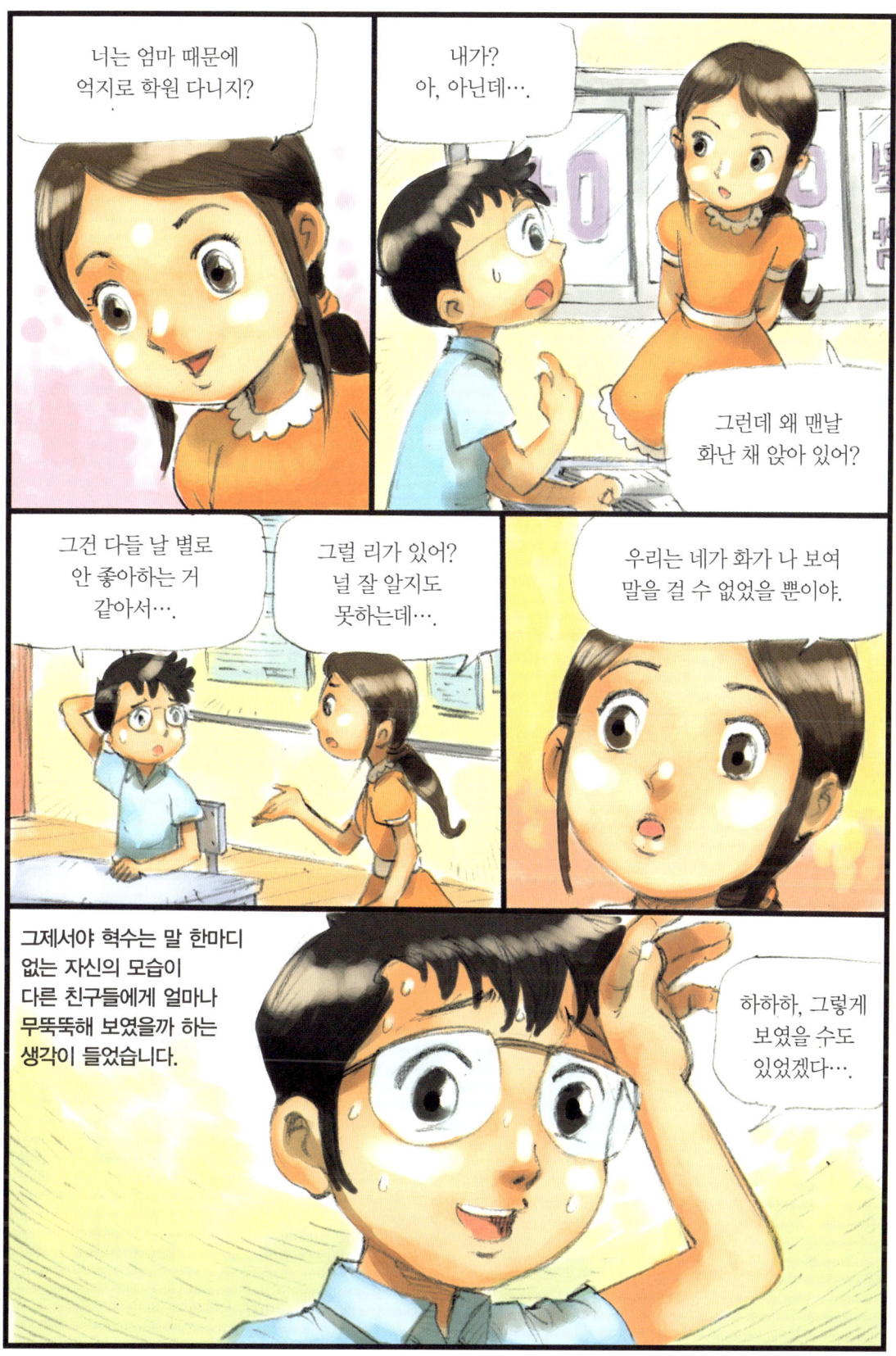

똑소리 나는 말하기 학교

낯선 친구에게 먼저 말을 건다는 것이 쉬운 일은 아닙니다. 그런데 조금만 용기를 내어 여러분이 먼저 말을 건네면 상대방으로 하여금 긴장의 끈을 풀게 해서 대화하기 좋은 분위기를 만들 수 있습니다.

예를 들어 볼까요? 영국인 샐러리맨 리처드 파크 코독은 비행기 출발 시간에 늦어 우연히 3등석 표로 1등석에 타게 되었습니다. 그의 옆자리에는 영국 최고의 재벌 리처드 브랜슨이 앉아 있었습니다. 보통 사람이라면 엄청난 부자라는 것을 알고 말을 걸지 못했을 텐데 코독은 달랐습니다.

당시 그는 영국 한 시골에 위치한 IT 회사 직원이었고, 매일 '오늘 그만둘까, 내일 그만둘까?' 고민하는 사람이었어요. 그런 고민을 리처드 브랜슨에게 말하자 그는 기다렸다는 듯 코독의 인생을 바꿀 만한 중요한 이야기들을 들려 주었습니다. 코독은 그 때의 체험을 《밀리언 달러 티켓》이라는 책으로 펴냈지요. 그리고 백만장자 50명을 인터뷰하는 데 성공했고, 이를 토대로 '백만장자 되는 법'을 가르쳐 주는 성인 교육 프로그램을 개발해 세계적인 부와 명성을 얻었답니다.

비행기에서 어색함과 쑥스러움을 무릅쓰고 먼저 말을 건 덕분에 코독은 꿈이 없는 세일즈맨에서 교육 프로그램을 개발하고, 책을 쓰고, 강연으로 세계적인 명성을 얻은 유명 인사로 거듭난 것이지요.

이처럼 한마디의 말을 건네는 것이 자신의 운명을 바꿀 정도로 중요한 일이 될 수도 있답니다.

대화를 잘하려면 상대방의 경계심을 풀어 주는 것이 가장 중요합니다. 먼저 말을 걸면 친구가 가진 경계심을 풀 수 있습니다. 학원의 친구들 역시 혁수에게 말을 걸고 싶었지만, 혁수가 잔뜩 화가 난 얼굴을 하고 있어 선뜻 말을 걸 수 없었던 것입니다. 그런데 혁수가 쑥스러움을 무릅쓰고 먼저 말을 걸면 친구들은 '말을 걸어야 하나, 말아야 하나?'의 부담을 덜게 되지요. 부담이 없으면 여러분의 말을 호의적으로 들을 수 있답니다.

그렇다면 어떻게 하면 상대방에게 먼저 말을 걸 수 있을까요?

첫째, 자신을 설득하세요.

낯선 친구에게 먼저 말을 걸 수 없는 이유는 '저 친구가 나를 이상하게 보지 않을까?' '나쁜 아이일지도 모르는데 괜히 귀찮은 일만 생기는 건 아닐까?' 등의 지나친 염려 때문이에요. 그건 또한 마음을 열지 못했기 때문이고요. 이럴 때는 자신의 마음을 향해 "내가 먼저 말을 걸어야 해!"라고 반복적으로 소리 내어 명령을 내려야 합니다. 마음은 뇌에 반복적으로 입력된 지시에 자극을 받기 때문에 이 훈련을 계속하면 낯선 친구에게 먼저 말을 걸 용기가 생깁니다.

둘째, 누구나 좋아할 만한 이야깃거리를 미리 생각해 두세요.

　낯선 친구와의 대화가 어려운 이유는 그를 잘 알지 못하기 때문입니다. 도대체 어떤 말부터 시작해야 할지 모르겠거든요. 이 때 날씨, 게임, 뉴스에서 본 것 등 누구나 관심을 가질 만한 이야깃거리를 준비해 두면 자연스럽게 대화를 나눌 수 있습니다. 리처드 파크 코독이 먼저 말을 건네자 알짜배기 사업 노하우를 모두 알려 준 리처드 브랜슨처럼 말이지요.

선생님! 도와주세요

저는 친한 친구들과 있을 때는 얘기를 재미있게 잘합니다. 그런데 막상 다른 사람들 앞에서 멍석을 깔아 주면 재미있는 얘기도 썰렁하게 들릴 정도로 말을 못해요. 이런 일이 반복되다 보니 이젠 사람들 많은 곳에서는 말하기가 싫어져요. 아마도 발음이 좀 부정확하고 말이 너무 빠른 것 때문인 것 같아요. 이런 것도 연습을 통해서 고칠 수 있을까요?

썰렁 양은 이미 자신의 문제에 대한 답을 알고 있네요. 일 대 일로 말할 때는 말의 빠르기나 발음이 큰 문제가 안 되지만, 여러 사람 앞에서 말할 때는 발음과 말의 빠르기가 내용 전달에 큰 영향을 미칩니다. 그리고 많은 사람 앞에서 자신의 유머가 안 통하는 경험을 여러 번 하게 되면 이후 사람들 앞에 서는 것이 꺼려지는 것은 당연해요.

그러나 기죽지 마세요! 썰렁 양은 이미 천성적으로 재미있게 이야기할 줄 아는 사람이니까요. 너무 염려 말고 적당한 발음과 속도를 연습하면 여러 사람 앞에서도 말을 잘할 수 있을 거예요.

발음과 말의 속도가 알맞게 바뀌면 언제 어디서든 재미있게 말하게 될 테니 조금만 더 노력해 봐요!

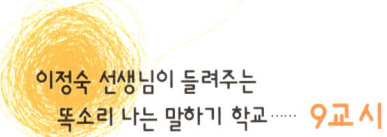
이정숙 선생님이 들려주는
똑소리 나는 말하기 학교······ **9교시**

몸짓으로도 말해요

은수야, 도대체 무슨 일이야?

그러지 말고 말 좀 해라.

지난번에 내가 말했던 그 애 기억나?

누구?

아이참, 내가 휴대전화 주워서 돌려주려고 통화했던 그 애 말이야~

똑소리나는 말하기학교

미국의 사회학자 앨버트 매리비언Albert Mehrabian은 자기 생각을 상대방에게 전할 때 언어가 7퍼센트를 차지하고, 나머지는 몸짓으로 전한다고 주장했습니다. 표정 35퍼센트, 목소리 높낮이 등이 38퍼센트, 제스처 및 행동 등이 20퍼센트를 차지한다는 것이지요.

대화에서 몸짓 언어가 차지하는 비중은 매우 큽니다. 만약 대화에 몸짓이 없다면 같은 말이라도 오해를 불러올 수 있습니다. 휴대전화를 돌려받은 그 아이처럼 무표정한 얼굴로 "고맙다."라고만 말하면 듣는 사람 입장에서는 정말로 고맙다는 뜻인지, 단지 인사치레로 하는 것인지, 또는 고맙지 않다는 말을 비아냥거리듯 거꾸로 말하는 것인지 파악하기가 힘듭니다. 당장 은수만 해도 오해해 화를 내기도 했잖아요.

목소리도 마찬가지입니다. 큰 목소리가 항상 좋은 것은 아닙니다. 너무 크고 공격적인 목소리로 "고맙다."라고 말하면 듣는 사람은 '진짜로 고맙다'는 것으로 받아들이기보다 '나에게 감정이 많은 모양' 또는 '내가 한 일을 고마워하기는커녕 비꼬는 것'이라고 잘못 받아들일 수도 있습니다.

말로 다 전달하지 못한 부분을 몸짓, 표정, 목소리 등의 변화로 보충하는 것은 어릴 때부터 습관을 길러야만 가능합니다. 한꺼번에 모든 몸짓 언어의 다양한 의미를 이해하는 것은 힘들지요. 그러나 우선 몇 가지만 익혀 사용해도 매우 효과적입니다.

그럼 실천이 쉬운 몇 가지를 소개할게요.

첫째, 상대방 눈의 움직임을 관찰하며 말하는 습관을 들이세요.

눈은 거짓말이나 거부감을 나타내는 기관입니다. 어린아이들일수록 거짓말을 할 때 상대방의 눈을 피하기 때문에 부모님들은 아이들의 거짓말을 금방 알아챌 수 있답니다.

둘째, 진심을 담아 말하세요.

말에 마음이 실리지 않으면 몸이 그것을 드러내 오해가 생길 수 있습니다. 그러므로 정성을 다해 말해야만 마음이 실립니다. 마음이 실리면 말하는 사람의 열정이 저절로 우러나 어려운 설득도 성공할 수 있답니다.

셋째, 바른 자세로 말하세요.

쉬운 말처럼 들리지만 실천은 상당히 어렵습니다. 말할 때 자기도 모르게 구부정하게 앉거나 삐딱하게 서는 사람은 건방지다거나 자신 없어 보인다는 느낌을 갖게 합니다. 편안하고 바른 자세로 말하는 연습을 해두어야 듣는 사람이 여러분의 말을 정확하게 이해할 수 있습니다.

넷째, 불필요한 손동작을 하지 마세요.

긴장하면 손이 떨리고, 거짓말을 하려면 자기도 모르게 손을 감추려고 호주머니에 깊이 찔러 넣게 됩니다. 그러니 불필요한 손동작을 해서 오해

를 불러일으킬 필요는 없겠지요.

다섯째, 다리의 움직임을 관찰하세요.

한 동물 행태 학자의 말에 따르면 사람의 마음은 몸의 끝부분부터 드러난다고 합니다. 다리를 꼬거나 뒤로 쭉 뻗으면, 말은 친절하게 할지라도 마음으로는 상대방을 믿지 않거나 거부한다는 의사 표현일 수 있습니다.

이처럼 말로 다 표현할 수 없는 생각과 마음은 몸짓을 잘 활용하면 쉽게 전할 수 있답니다.

선생님! 도와주세요

말을 잘하는 것이 정말 중요하다는 걸 요즘 많이 느껴요. 그런데 말을 잘하는 게 쉽지 않더라고요. 특히 저는 혀가 짧아서인지 말을 시작하려면 "에" "뭐" 이런 식으로 한 번 더 말하게 돼 더 긴장을 합니다. 조리 있게 말하려면 어떤 연습이 필요한가요? 그리고 혀 짧은 소리도 고칠 수 있나요?

더듬 군은 '나는 말을 못해'라는 생각부터 버려야 해요. 이미 앞에서 설명했듯이 대화를 통해 생각을 전하는 데 말의 내용은 7퍼센트만 차지하고, 나머지 93퍼센트는 얼굴 표정이나 몸짓 등이 차지합니다.

그런데 '나는 말을 못해'라고 생각하는 순간 93퍼센트에 신경을 못 쓰게 돼요. 그러므로 미리부터 '나는 혀가 짧은 것 같아'라고 신경 쓸 필요는 없어요. 대화는 말이 아니라 마음을 전해야 잘하는 것이기 때문에, 말을 약간 더듬는다고 해서 문제 될 것은 없습니다.

학교 생활에서 대화를 잘하려면 말하기보다 열심히 듣는 쪽에 더 신경을 쓰는 것이 좋습니다. 잘 듣고 있다가 간단하게 핵심만 찌르는 거예요. 한 마디로 상대방의 생각 속에 내 생각을 끼워 맞추는 것이지요.

그리고 혀 짧은 소리는 의학적인 문제만 없으면 연습으로 충분히 고칠 수 있습니다. 대개 혀가 짧다고 느끼는 사람 중에서 진짜로 혀가 짧은 사람은 많지 않습니다. 또 병원에서 혀의 길이에 문제가 있다는 진단이 나와도 발음 연습을 하면 나아지니까 너무 실망할 필요는 없고요.

발음 연습은 앞에서도 설명했지만 매일 입을 크게 벌리고 소리를 내면

선생님! 도와주세요

서 15분가량씩만 하세요. 그러면 지금보다 훨씬 좋아질 거예요.

발음 연습할 때는 "가 갸 거 겨……"로 해도 되고, "저 뜰에 깐 콩깍지……" 같은 문장을 소리 내 연습해도 많은 도움이 될 거예요. 좋아졌다고 중단하지 말고 꾸준히 해야 효과를 볼 수 있습니다.

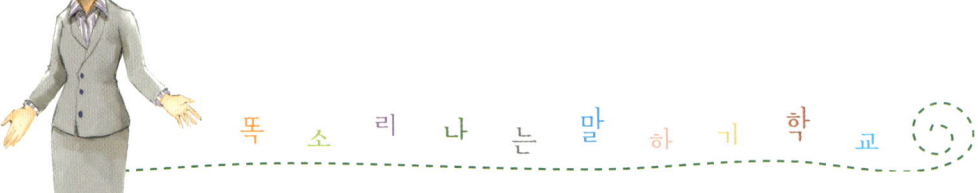

똑소리 나는 말하기 학교

　사람들은 대부분 잘못을 저지르면 자신이 잘못했다는 것을 압니다. 그리고 충분히 반성하고 있습니다. 그 때 누군가 계속 잘못을 지적하면 "나도 알아!" 하며 화를 내게 되지요.

　그런데 남의 일이라도 잘잘못을 고쳐 주어야 한다는 넘치는 의욕을 가진 사람이 있습니다. 그는 누군가의 잘못을 발견하면 그것을 파헤쳐 다시는 같은 잘못을 저지르지 못하도록 가슴에 못질까지 해버립니다.

　그렇게 되면 잘못을 저지른 사람은 '나는 1만큼 잘못한 것 같은데 야단은 10만큼 들었으니 억울하다'는 생각을 하게 되고, 잘못을 반성하기는커녕 화가 납니다. 그리고 "해도 너무 하는 거 아냐!"라고 소리치며 잘못을 지적하는 사람에게 화가 났다는 표시를 하게 됩니다.

　간단한 예를 들어 볼까요?

　자주 약속 시간을 어기는 친구에게 "계속 이렇게 약속 시간을 어길 거야?" 하고 지적을 하면 친구는 처음에는 미안해 하거나 쑥스러워하다가 나중에는 "내가 사정이 있었다고 하잖아!" 하며 화를 냅니다. 약속을 안 지킨 혁수에게 계속 타박을 하니 나중에는 되려 화를 내며 가버린 것도 같은 경우입니다.

　그렇다면 갈등 없이 문제점을 지적하려면 어떻게 해야 할까요?

첫째, 문제점에 대한 지적을 반으로 줄여야 합니다. 삼분의 일로 줄이면 더 좋고요. 잘못한 사람에게 길게 말하면 나중에는 자기 잘못은 잊고 잔소리와 지나친 꾸지람만 기억하게 됩니다.

둘째, 칭찬의 말은 길게 할수록 좋습니다. 칭찬은 들을수록 마음이 훈훈해지기 때문에 길게 할수록 마음이 활짝 열립니다.

원만한 친구 관계를 유지하는 비결은 아주 간단합니다.

선생님! 도와주세요

저는 예전에는 친구들과 잘 지내는 편이었습니다. 그런데 갈수록 처음 만나는 사람과 어울리는 것이 힘들어졌어요. 그러다 보니 학년이 올라갈수록 친구가 없어집니다. 말주변이 없어서 그런지 사람들과 가까워지기가 쉽지 않아요. 방법이 없을까요?

사람은 살아가면서 얼마든지 변할 수 있습니다. 그러니 자신의 성격이 변한 것을 너무 마음에 담아 두지 마세요.

대부분의 사람들은 자기가 잘 아는 분야에 대해 질문하거나 관심을 보이는 사람에게 마음의 문을 엽니다. 조용 양 주위의 친구들이 무엇에 관해 이야기를 나누는지 관찰해서 그 분야에 관심을 가져 보는 것이 가장 좋아요. 혹은 솔직하게 그 친구들에게 물어보는 방법도 괜찮습니다. 자신이 좋아하는 것에 관심을 가져 주는 친구에게도 호감을 갖기 때문입니다.

말주변이 없다고 생각하는 조용 양에게는 '화이트 라이 white lie'를 권합니다. 화이트 라이는 '상대방을 기분 좋게 하는 거짓말'이란 뜻이에요. 듣기 좋은 말을 싫어하는 사람은 없습니다. "오늘 정말 날씬해 보인다." "정말 대단해. 아무도 생각하지 못할 그런 기발한 아이디어를 내다니." "네가 당연히 상을 받을 줄 알았어." 이런 입에 발린 거짓말을 들으면 조용 양도 기분이 좋아지죠? 이처럼 기분을 좋게 하는 거짓말이 솔직한 말보다 더 도움이 될 때가 있습니다. 상황에 따라 화이트 라이를 쓸 줄 알아야 하지요.

게다가 사람은 듣기 좋은 말만 골라 듣는 성향이 있습니다. 그래서일까요? 성공한 사람들일수록 사교적인 거짓말인 화이트 라이에 능숙하지요.

우스꽝스러운 옷차림의 친구에게 "옷이 그게 뭐야?"라고 말하기보다는 "개성 있어서 좋네."라고 말할 수 있는 센스! 이처럼 상대방이 듣고 싶어 하는 말이 무엇인지를 빨리 파악해서 친구의 마음을 얻을 수 있도록 틈나는 대로 연습해야 합니다.

말은 입에 배지 않으면 쉽게 나오지 않습니다. 그렇기 때문에 비슷한 상황이 오면 자연스럽게 말할 수 있도록 평소 화이트 라이에 관심을 가져 보세요.

아, 물론 남을 속여 자기 이익을 챙기는 새빨간 거짓말은 절대 해서는 안 됩니다.

이정숙 선생님이 들려주는
똑소리 나는 말하기 학교······ 11교시

결정된 일은 더 이상 말하지 않아요

가사 실습 시간. 민주, 세영, 진호, 성철이 한 모둠이 되었습니다.

자, 이상 조리 순서였어요. 그럼 모둠별로 잡채 요리를 시작하세요.

민수야, 마늘 다진 거 준비해 왔지? 그거 이쪽으로 줘.

어머, 어떻게 해! 재료를 잊어 버리고 그냥 왔어.

뭐라고?

똑 소 리 나 는 말 하 기 학 교

집에 두고 온 양념 재료는 갑자기 만들어 낼 수 없는 상황입니다. 되돌릴 수 없는 지나간 일을 두고 불평하면 이미 잘못을 뉘우치고 있는 친구 마음만 상하게 할 뿐이죠.

세영이는 가지고 오지 않은 양념 재료 생각에 모든 것이 못마땅했습니다. 하지만 성철이는 부족한 상황에서 최선을 다한 친구들을 격려하며, 어색한 두 친구 사이를 정리해 줍니다.

이미 지나가 버려 되돌릴 수 없는 일, 약속을 해놔서 바꿀 수 없는 일 등에 대해서는 "이것은 이러지 말고 저것은 저러지 말걸 그랬어……." 등의 뒷말을 안 할수록 좋습니다. 그렇게 말한다고 해서 잘못이 바로잡히는 것도 아니고, 처음부터 다시 시작할 수도 없을 바에야 상대방 마음만 상하게 할 뿐이기 때문이지요.

사람의 뇌는 한 번 집중한 생각을 계속 키웁니다. 따라서 생각을 과거 시점에 맞추면 자기도 모르게 지나간 일에 연연하게 됩니다. 말해 봐야 소용없음을 잘 알면서도 "왜 그랬어? 안 그랬으면 좋았잖아." "조심하라고 일렀는데 안 듣더니, 내 그럴 줄 알았다." "미리미리 점검을 해야지, 그런 일을 저지르면 어떡해." "여기 이 부분을 더 보충했으면 됐잖아." 등의 말로 상대방 가슴에 못을 박습니다.

이런 상황을 막으려면 어떻게 해야 할까요?

첫째, 사건을 보는 시점을 과거에서 미래로 옮깁니다.

시험 점수를 잘못 받아온 동생이나 친구에게 "도대체 시험 점수가 그게 뭐야?"라는 말이 튀어 나오려고 해도 꾹 참고 "시험 점수 들여다볼 시간에 다음 시험을 준비해. 그거 들여다본다고 결과가 달라지는 것도 아니잖아."라고 말하는 것입니다.

둘째, 일단 매듭 지은 일은 머릿속에서 지워야 합니다.

과거를 먼저 생각하는 습관을 가지면 자기도 모르게 지난 일만 떠올라 이미 소용없는 일도 머릿속에서 내몰지 못하고 마음만 상합니다. 실수의 원인이 더 확실하게 보여 자꾸 그 일만 생각하게 되지요.

그러나 어떤 일이건 막상 해보기 전에는 실패의 이유를 알 수 없습니다. 미리 실패 요인을 알 수 있다면 좋겠지만, 혹시 실패했더라도 가능한 한 빨리 머릿속에서 지워야 다음 일에 몰두할 수 있습니다.

셋째, 일상생활에서의 말하기 습관을 미래 시제로 바꿔 사용합니다.

"~할걸 그랬어." "~하지 그랬어?" "~할걸. 너무 아까워." "에이 왜 그랬어?" 등 과거 시제를 "앞으로는 ~해야겠어." "~은 하지 말아야지." "~은 되풀이하지 않을 거야." "다음부터는 ~을 조심해." 등의 미래 시제로 바꿔 보세요. 그러면 지나간 실수나 실패 그리고 부족했던 일은 빨리 머릿속에서 몰아내고 미래를 준비하는 힘을 기를 수 있습니다.

선생님! 도와주세요

전 남자 아이들 앞에서는 말을 잘 못하겠어요. 그래서 모처럼 반 친구들과 영화를 보러 가도 침묵만 지키다가 온답니다. 무슨 말을 어떻게 해야 할지 생각이 전혀 안 나요. 마음으로는 남자 친구들과도 편안하게 대화를 나누고 싶은데 잘 안 됩니다. 무슨 대화를 어떻게 해야 할까요?

  스몰 토크 small Talk 라는 말이 있습니다. 아주 사소한 이야깃거리로 대화하는 것을 말하지요. 대화를 잘하는 사람은 그것도 미리 준비하는 경우가 많습니다. 만화나 신문기사 중 재미있는 부분을 오려서 주머니에 넣고 다니다가 이야깃거리로 사용하는 것이지요.

  심심 양의 가장 큰 고민은 남자 친구들과는 좀 더 재미있는 대화를 해야 한다는 고정관념에서 나오는 것 같아요. 그러나 그럴 필요 없습니다. 짐작컨대 심심 양은 동성 친구들끼리 있을 때는 재미있게 말해야 한다는 부담 없이 편안하게 대화를 나눌 거예요. 남자 친구들이라고 해서 다를 것이 없습니다.

  참고로 남자 친구들은 게임, 자동차, 축구나 야구 등 스포츠를 주제로 가벼운 얘기를 던지면 신바람을 내며 길게 말한답니다. 하지만 그 어떤 조언보다는 실전에 나가 경험해 보는 것이 가장 좋겠죠?

똑 소 리 나 는 말 하 기 학 교

우리는 인간관계를 이야기할 때 '코드가 잘 맞는다'는 표현을 쓰곤 합니다. 이 말은 언어의 구조를 분석해 현대 언어학 발전의 기초를 세운 스위스 언어학자 페르디낭 드 소쉬르 Ferdinand de Saussure 선생님이 처음 사용한 말입니다. 지금은 '문화나 사고 방식이 잘 맞는 사람들의 무리'를 일컫는 말로 사용되고 있지요. 220V 전자제품은 220V 전원에 꽂아야 충돌 없이 잘 흐르고, 110V 전자제품은 110V 전원에 꽂아야 고장 없이 제 기능을 다하듯, 소쉬르 선생님이 사용한 '코드'는 문화나 사고 방식의 범위가 맞아야 원활한 의사소통이 될 수 있다는 의미를 지니고 있습니다.

세계적으로 유명한 정신분석학자이자 문화인류학자인 클로테르 라파이유 Clotaire Rapaille 박사는 "사람은 나고 자란 곳의 지형, 기후, 주변 사람들의 풍습, 교육, 부모의 양육 방법 등에 따라 서로 다른 문화 코드를 갖게 되고, 문화 코드가 다르면 동일한 정보도 전혀 다른 방법으로 인식한다."고 말했습니다. 여기서 말하는 문화 코드가 바로 우리가 사용하는 '코드'인 셈이지요. 바꾸어 말하면 '나와 다른 문화를 수용하지 못하면 대화가 이루어질 수 없다'는 의미입니다.

일반적으로 우리는 사이가 나쁜 관계를 비유할 때 개와 고양이를 예로

들곤 합니다. 개와 고양이는 비슷한 크기의 동물이지만 코드가 전혀 안 맞아 만나면 으르렁대기 때문입니다. 동물 행태학자들에 따르면 개는 먹이가 생기면 뒤로 돌아 앉아 숨기며 혼자 먹습니다. 고양이가 볼 때 '치사하게 먹을 것을 숨기며 먹는 놈'이 되지요. 개는 앞다리를 쳐들면 놀자는 뜻인데, 고양이가 앞다리를 쳐들면 '안 꺼지면 죽여 버릴 거야.'라고 소리치는 것입니다. 고양이는 마음이 편하면 "야옹" 소리를 내는데, 개는 화가 날 때만 "으르렁" 소리를 냅니다. 이처럼 서로 다른 문화로는 대화가 어렵지요.

사람 사이에도 개와 고양이처럼 서로 다른 문화가 있습니다. 우선 남녀 사이를 비교해 볼까요? 남자는 말이 적은 것을 미덕으로 여기지만, 여자는 말이 적으면 무뚝뚝하고 불친절하다고 생각하지요. 여러 친구들과 시끌벅적 어울려 노는 것을 좋아하는 사람이 있는가 하면, 혼자서 책을 읽으며 보내는 시간을 더 좋아하는 사람이 있습니다. 장사로 돈을 많이 번 사람은 돈이 제일이라고 생각할 수 있지만, 공부를 많이 한 사람은 돈보다 지식이 최고라고 생각할 수 있습니다.

이렇듯 사람 사는 곳에는 다양한 코드가 공존하기 때문에 다름을 인정해야 편하게 대화할 수 있습니다. 그러기 위해서 우리는 어떤 마음가짐을 가져야 할까요?

첫째, 마음의 빗장을 여는 것입니다.

세상은 서로 다른 존재들이 모여 때로는 경쟁하고 때로는 협력을 이루며 사는 곳입니다. 내 방법이 옳다면 다른 사람의 방법 역시 옳다고 생각해야 합니다. 다른 사람을 먼저 인정하면 그들도 나를 이해할 것이라는 열린 생각을 가져야 합니다.

둘째, 나와 다른 사람들을 가급적 많이 만나 보는 것입니다.

다름을 인정하는 데 있어 경험만큼 중요한 것이 없지요. 나와 다른 사람들을 많이 만나 볼수록 내가 세계의 중심이 아니라는 사실을 깨닫게 됩니다.

낯선 것도 자꾸 보면 익숙해지게 마련입니다. 많이 보고 경험하면 다름을 인정하기 쉬워 소통 범위가 넓어질 수 있지요. 소통 범위가 넓어질수록 이해의 폭도 커집니다.

선생님! 도와주세요

전 싫어하는 사람과는 절대 마주하기 싫어요. 그런데 학교에서는 어쩔 수 없이 그 친구와 얘기할 수밖에 없는 상황이 되더라고요. 그러다 보니 싫은 표정을 숨기지 못하는 것 같아요. 상대방에게 실례가 안 되도록 표정을 감추고 말할 수 있는 방법이 있을까요?

사람의 얼굴은 마음을 드러내는 표지판이에요. 그래서 싫은 감정을 감추려면 아주 뛰어난 기술이 필요하지요. 가장 좋은 방법은 싫은 사람을 만들지 않는 것입니다. 그 친구와는 생각이 너무 달라 이해가 안 되고 싫을 수 있지만, '그 사람은 나와 다를 수 있다' 라는 마음을 가지면 친구를 이해하게 되고 싫은 사람이 많이 줄어들 거예요.

하지만 까칠 군처럼 이미 싫은 감정이 마음에 박혀 있다면 말처럼 쉽지는 않을 거예요. 그 때는 노력이 필요합니다. 우선 자기 자신을 설득하겠다는 마음을 가지세요.

이 책을 꼼꼼하게 읽었다면 이미 알고 있겠지만, 자신의 뇌에 이야기하는 겁니다. 자신이 고치고 싶은 생각을 입으로 되뇌어 중얼거리면서 자신을 설득할 수 있답니다. 틈나는 대로 "○○은 나와 다른 사람이야. 나와 같아야 한다고 생각하지 말고 다르다는 것을 인정해야 해."라고 입 밖으로 말하면 뇌 속에 박혀 있던 '그 사람이 싫다' 는 생각이 조금씩 바뀔 수 있을 겁니다. 그런 훈련을 반복해 나간다면 굳이 싫은 감정을 감추려고 하지 않아도 편안하게 말할 수 있을 거예요.

선생님! 도와주세요

　사람의 마음은 참 마술 같아서, 내가 그 사람을 싫어하면 상대방도 금방 알게 됩니다. 그 친구도 까칠 군을 싫어한다면 썩 기분 좋은 일은 아니겠죠? 내가 마음을 고치기 전에는 상대방도 절대 먼저 싫은 태도를 고치지 않는다는 점을 잊지 마세요!

이정숙 선생님이 들려주는
똑소리 나는 말하기 학교······ **13교시**

질문을 두려워하지 말아요

오늘은 수홍이네 학급에 유명한 과학자 선생님이 오셔서 강연을 하는 날입니다.

담임선생님과 친구분이어서 특별히 시간을 내주셨습니다.

이번에 우리나라에서 우주인이 나왔잖아.

아, 이소연 누나!

이소연 언니가 오늘 오시는 선생님의 제자래. 무지 유명한 분이라고.

우와~ 나도 우주과학자가 되는 게 꿈인데.

103

똑 소 리 나 는 말 하 기 학 교

사람들 앞에서 강의를 자주 하는 나는 항상 강의 끝에 "질문 있으세요?"라고 묻습니다. 하지만 질문하는 사람이 없습니다. 수강자들은 서로 눈치를 보며 나에게 쑥스러운 눈빛만 보내지요. 내가 눈치를 채고 "질문 없으시면 제가 강의를 아주 잘한 걸로 착각하며 마치겠습니다."라고 마지막 멘트를 합니다. 그러면 수강자들은 '아휴, 나한테 떨어질 질문을 피했군.' 하는 안도의 표정을 합니다.

우리는 질문하기를 두려워합니다. 그런데 질문을 잘 활용하면 까다로운 상대와의 충돌을 쉽게 피할 수 있다는 사실 아세요? 그리고 원하는 정보도 쉽게 알아낼 수 있습니다.

우리들이 대화를 어려워하는 이유 중 하나는 질문을 사용할 줄 모르기 때문입니다.

선생님은 미국에서 공부한 적이 있는데, 한국의 유학생들이 미국 교수들의 질문에 대응하지 못하고 고생하는 모습을 많이 보았습니다. 그것은 영어가 능숙하지 않아서라기보다는 질문을 주고받는 훈련이 몸에 배지 않았기 때문인 것 같았습니다.

다른 사람과 큰 갈등 속에 있을 때 상대방에게 "왜?"라는 질문만 던져도 그가 대답하기 위해 잠시 흥분을 가라앉히게 돼 갈등이 줄어드는 경우를 자주 보았습니다. 그리고 질문을 통해 내가 의도하는 대로 대화를 끌어 올 수 있습니다. "왜 그럴까요?" "다시 한 번 생각해 보세요." 등의 질문은 상대방이 말하고 싶은 것을 털어놓게 할 수 있고, 대화의 방향을 질문자가 원하는 방향으로 이끌 수 있습니다.

그러므로 친구가 화나는 말을 했다고 바로 마음을 닫아 버릴 것이 아니라 "이러저러해서 나는 이렇게 했어. 다른 방법이 있으면 가르쳐 줄래?" 또는 "너라면 어떻게 하겠니?"라고 묻는다면 결과가 다를 수도 있습니다.

그러나 질문을 하더라도 "나보고 어쩌라고?" "내가 왜 그렇게 해야 해?" 등의 시비조 질문은 갈등을 더욱 키울 수 있으므로 조심해야 합니다.

효과적인 질문을 하려면 질문을 던지기 전에 '내가 이 사람에게 감정을 가지고 하는 질문'인지 아닌지를 체크해 보아야 합니다.

《질문의 7가지 힘》의 저자이자 미국 커뮤니케이션 전문가인 도로시 리즈Dorothy Leeds는 질문으로 갈등을 극복하려면 다음과 같은 질문을 자신에게 먼저 던져 보라고 권합니다.

1. 이 질문을 해서 정확히 내가 얻으려 하는 것은 무엇인가?
2. 누구에게 질문할 것인가?
3. 타이밍이 중요하다. 질문하기에 적절한 시기나 상황은?
4. 이 질문은 어떤 영향을 미칠까?

이러한 질문의 원칙을 몸에 익히면 오랜만에 만난 친구와의 대화가 어색할 때도 "요즘 어떤 책 읽어?" "공부는 잘 돼?" 등의 질문으로 상대방의 경험을 화제로 끌어낼 수 있습니다. 누구나 자기 경험을 함께 나누고 싶어 하기 때문에, 경험을 이끌어 내는 질문을 던지면 재미있게 대화를 이어 갈 수 있습니다. 그렇게 되면 어색한 시간은 금방 즐거운 시간으로 바뀔 것입니다.

선생님! 도와주세요

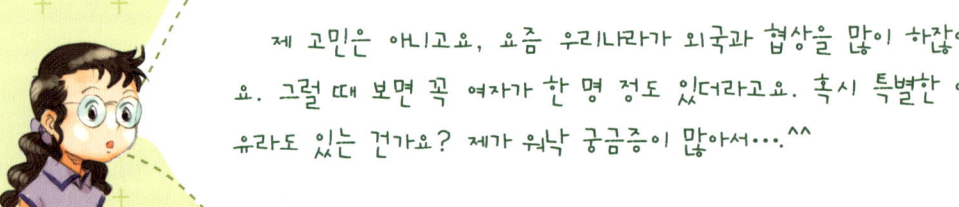

제 고민은 아니고요, 요즘 우리나라가 외국과 협상을 많이 하잖아요. 그럴 때 보면 꼭 여자가 한 명 정도 있더라고요. 혹시 특별한 이유라도 있는 건가요? 제가 워낙 궁금증이 많아서…. ^^

하하. 궁금증이 많기도 하지만 궁금 양은 예리한 눈을 가지기도 했네요. 맞아요. 이유가 있습니다. 국제 무역 협상은 큰 돈이 오가는 중요한 협상이지요. 그래서 대표자를 뽑을 때부터 전략적으로 해야 합니다. 협상 대표가 누구인가, 어디에서 하느냐에 따라 발언 내용이 달라지거든요.

미국이 5차 FTA협상을 몬태나 주에서 여는 것도 전략이고, 웬디 커틀러라는 중년 여성을 내세운 것도 전략이에요. 왜냐하면 한국 남자들은 아직도 속으로는 중년 여성을 무시하는 경향이 있기 때문입니다. 특히 직위가 높은 보수적인 분들이 그렇지요. 그 때문에 미국에서는 돈 문제 관련 협상은 여자를 내세우는 것이 좋다고 생각합니다. 협상 대상 국가, 상대방이 누구냐에 따라 대표를 달리 하는 거예요. 웬디 커틀러는 편안한 동네 아줌마 같은 스타일이잖아요. 상대방이 얕보고 덤볐다가 큰코다치게 하는 전략이죠.

미국은 협상 전에 수많은 시뮬레이션Simulation을 합니다. 시뮬레이션이란 간단하게 말해서 협상을 하다가 어떤 이야기가 나왔을 때 어떻게 대처할 것인가를 반복적으로 훈련하는 것을 말해요. 상대방이 이렇게 정신을 놓고 있을 때 어떻게 기회를 잡을 것인가, 이런 문제는 미리 시뮬레이션을 해두어야 급박할 때도 잊지 않거든요.

시뮬레이션은 국제 협상은 물론 회사의 노사 협상에도 필요합니다. 또 가족 간의 협상, 즉 '휴가를 갈지 말지' '어느 학교로 진학을 할지' 이런 결정을 할 때도 필요합니다. 또 '누구와 상의할 것인가', '언제 말할 것인가' 하는 것들도 생각해 두어야 하지요.

우리는 대화를 할 때 말 자체에만 신경 쓰는 경우가 많은데 주변의 상황, 말할 때의 분위기까지 다 고려해야 된다는 것을 미국과의 FTA협상을 통해서 배웠으면 좋겠어요.

대화전문가 이정숙 선생님이 들려주는
똑소리 나는 말하기 학교

초판 1쇄 인쇄 2009년 1월 2일
초판 1쇄 발행 2009년 1월 8일

지은이 | 이정숙
그린이 | 에듀팅
펴낸이 | 한 순 이희섭
펴낸곳 | 나무생각
편집 | 정지현 이은주
디자인 | 노은주
마케팅 | 나성원 김종문
관리 | 김훈례
출판등록 | 1998년 4월 14일 제13-529호

주소 | 서울특별시 마포구 서교동 475-39 1F
전화 | 02)334-3339, 3308, 3361
팩스 | 02)334-3318
이메일 | tree3339@hanmail.net
홈페이지 | www.namubook.co.kr

ⓒ 이정숙, 2009
ISBN 978-89-5937-164-8 73370

값은 뒤표지에 있습니다.
잘못된 책은 바꿔 드립니다.